BEI GRIN MACHT SICH IHR WISSEN BEZAHLT

Der T-Test und der Chi²-Test. Eine deskriptive Analyse

Quantitative Datenanalyse

Stefan Gruber

Bibliografische Information der Deutschen Nationalbibliothek:

Die Deutsche Nationalbibliothek verzeichnet diese Publikation in der
Deutschen Nationalbibliografie; detaillierte bibliografische Daten sind
im Internet über http://dnb.d-nb.de abrufbar.

ISBN: 9783346607218
Dieses Buch ist auch als E-Book erhältlich.

Druck und Bindung: Books on Demand GmbH, Norderstedt Germany
Gedruckt auf säurefreiem Papier aus verantwortungsvollen Quellen

Das vorliegende Werk wurde sorgfältig erarbeitet. Dennoch
übernehmen Autoren und Verlag für die Richtigkeit von Angaben,
Hinweisen, Links und Ratschlägen sowie eventuelle Druckfehler keine
Haftung.

Das Buch bei GRIN: https://www.grin.com/document/1175549

Inhalt

1. Der T-Test

Beim T-Test werden 2 Gruppen auf ihren Mittelwert verglichen.[1] Eine Gruppe muss dabei eine nominalskalierte (unabhängige) Variable enthalten, die andere eine intervallskalierte (abhängige) Variable.[2] Die Differenz der Mittelwerte der zwei Gruppen, wird auf ihre Bedeutsamkeit (=Signifikanz) kontrolliert. Essenziell ist es, herauszufinden, ob die Differenz zwischen den Mittelwerten auf Zufall basiert oder nicht. Liegt die Wahrscheinlichkeit unter 5 Prozent, dass eine Abweichung der Mittelwerte auf Zufall basiert, ist die Signifikanz erfüllt.[3]

1.1 Unabhängige Stichproben

Der t-Test kann sowohl für unabhängige als auch abhängige Stichproben verwendet werden. Bei den unabhängigen Stichproben sind die nominalskalierten Variablen zwischen den Stufen unabhängig.[4] Die Voraussetzungen des t-Tests für unabhängige Stichproben sind eine in etwa gleich große Stichprobe zweier Gruppen, die sich pro Gruppe aus mehr als 30 Personen zusammensetzt. Liegt mindestens einer dieser Voraussetzungen nicht vor (daher weniger als 30 Menschen oder ungleiche Stichproben), kommt es zur Prüfung der Normalverteilungsannahme und Varianzhomogenität. Können diese 2 bejaht werden, kann ein T-Test gemacht werden. Wird nur die Varianzhomogenität nicht erfüllt und die Normalverteilung schon, kommt ein „Welch-Test" zur Anwendung. Liegt die Normalverteilung nicht vor, wird ein U-Test gemacht unabhängig, ob die Varianzhomogenität vorliegt oder nicht.[5] Hier ein typisches Beispiel einer Normalverteilung:

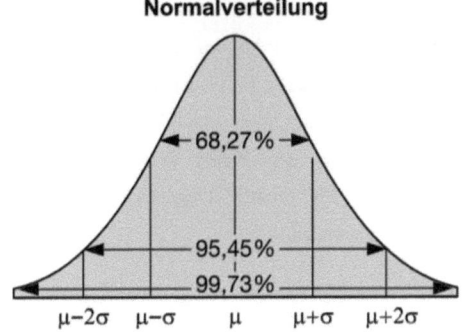

Normalverteilung

Abbildung 1: Normalverteilung
Quelle: https://wirtschaftslexikon.gabler.de/definition/normalverteilung-39769

---

[1] Vgl. Leonhart 2014a, S. 63.
[2] Vgl. Kuhlmei 2018, S. 136.
[3] Vgl. Universität Köln 2001, S. 63–64.
[4] Vgl. Kuhlmei 2018, S. 136.
[5] Vgl. Kuhlmei 2018, S. 151.

Es gibt 2 Hypothesen (H1), die in Bezug auf den T-Test wichtig sind, nämlich die Nullhypothese (H0) und die Alternativhypothese.[6]

Bei der Nullhypothese wird angenommen, dass kein bedeutender Unterschied zwischen den zwei Mittwerten der beiden kontrollierten Gruppen besteht und wenn es einen Unterschied gibt, dieser aufgrund eines Zufalls entstanden ist. ($H_0 = \mu_A = \mu_B$)[7]

Bei der Alternativhypothese wird davon ausgegangen, dass eine Abweichung zwischen den Mittelwerten besteht und nicht aufgrund eines Zufalls entstanden ist. Unterschieden werden kann eine beidseitig/ungerichtete ($H_1 = \mu_A \neq \mu_B$) und eine gerichtet/einseitige ($H_1 = \mu_A > \mu_B$) Hypothese.[8]

Zuerst wird immer die „Nullhypothese" geprüft und sollte diese nicht eintreffen, wird die Alternativhypothese angenommen.[9] Werden die unabhängigen Stichproben eines t-Test geprüft, muss eruiert werden, ob gleiche oder ungleiche Varianzen vorliegen. In diesem Fall bedarf es den F-Test ($F = t^2$)[10], bei dem es wieder zwei Hypothesen gibt.[11]

Bei gleichen Varianzen:

$$H0: \quad \sigma_A^2 = \sigma_B^2$$

Abbildung 2: Hypothese gleiche Varianz
Quelle: Budischewski, Ornau, 2021

Bei ungleichen Varianzen:

$$H1: \quad \sigma_A^2 \neq \sigma_B^2$$

Abbildung 3: Hypothese ungleiche Varianzen
Quelle: Budischewski, Ornau, 2021

Ist der empirische F-Wert kleiner als der kritische F-Wert, kommt es zur Prüfung der Nullhypothese und es wird eine unabhängige Stichprobe mit gleichen Varianzen gemacht. Die Signifikanz kann in diesem Fall verneint werden. Ist der empirische F-Wert größer als der kritische Wert (bei Test für homogene Varianzen), ist der Punkt der Signifikanz erfüllt. Beachtung der Irrtumswahrscheinlichkeit von 5% wichtig. Liegt hier ein signifikanter F-Test vor, muss anschließend ein U-Test vorgenommen werden.[12]

---

[6] Vgl. Leonhart 2014a, S. 63.
[7] Vgl. Universität Köln 2001.
[8] Vgl. Universität Köln.
[9] Vgl. Universität Köln 2001, S. 63–64.
[10] Vgl. Rey 2014.
[11] Vgl. Budischewski und Ornau 2021, S. 62.
[12] Vgl. Budischewski und Ornau 2021.

Mithilfe der Statistical Package für Social Sciences (kurz SPSS) Software, lässt sich die Varianzhomogenität auf Grundlage des Levene-Tests eruieren. Der Levene-Test wurde nach seinem Gründer Howard Levene benannt.[13]

Die Berechnung des empirischen t-Werts, erfolgt mit folgender Formel:

$$t_{emp} = \frac{\overline{x}_1 - \overline{x}_2}{\hat{\sigma}_{(\overline{x}_1 - \overline{x}_2)}};$$

Abbildung 4: Formel bei unabhängiger Stichprobe
Quelle: Budischewski, Ornau

1.1.2. Beispiel für t-Test mit unabhängigen Stichproben

Es werden zwei unterschiedliche Gruppen gebildet. Eine Gruppe umfasst 45 Personen, beide Gruppen daher gesamt 90 Personen. Jeder Teilnehmer leidet unter einer Klaustrophobie. Die Personen in der Experimentalgruppe werden ein Monat lang, jeden Tag für 15 Minuten in einen engen Raum gesperrt, damit Sie ihre Angst direkt konfrontieren können. Die anderen 45 Personen dienen als Kontrollgruppe und dürfen an diesem Prozedere nicht teilnehmen. Nach dem Monat sollen anschließend alle Teilnehmer (90 Personen) per Fragebogen befragt werden, ob sich an ihrer Klaustrophobie etwas verändert hat. Es soll daher geprüft werden, wie hoch die Wahrscheinlichkeit ist, dass die Einsperrung sich positiv auf die Angst ausgewirkt hat.

Nullhypothese: Die beiden Gruppen zeigen in Bezug auf den Mittelwert keinen signifikanten Unterschied und daher hat die Einsperrung keinerlei Wirkung erzielt.

Ungerichtete Hypothese: In Bezug auf die Mittelwerte existiert ein bedeutsamer Unterschied. Die Einsperrung hatte eine Wirkung erzielt, ob diese positiv oder negativ ist, bleibt fraglich.

Gerichtete Hypothese: Die Angst der eingesperrten Experimentalgruppe ließ nach, daher existiert eine signifikante Verbindung zwischen einer positiven Auswirkung des Angstverlaufes und der Einsperrung.

---

[13] Vgl. Leonhart 2014a.

1.2. Abhängige Stichproben

Bei den abhängigen Stichproben sind die nominalskalierten Variablen zwischen den Stufen voneinander abhängig.[14] Im Gegensatz zu unabhängigen Stichproben braucht es dringend 2 exakt große Gruppen. Die Messungen erfolgen in der Regel in Paaren und werden vorher und nachher gemacht. Die Beachtung der Varianzgleichheit spielt dabei keine Rolle.[15]

Der empirische t-Wert der abhängigen Stichprobe wird mit folgender Formel berechnet:

$$ t_{emp} = \frac{\bar{x}_{d'}}{\hat{\sigma}_{\bar{x}_{d'}}} $$

Abbildung 5: Formel t_{emp}
Quelle: Budischewski, Ornau

1.2.1. Beispiel für t-Test mit abhängigen Stichproben

90 Personen mit dem Angstsyndrom Klaustrophobie bekommen einen Fragebogen, bei dem sie über ihre Symptome befragt werden. Diese 90 Personen werden anschließend jeden Tag, einen Monat lang, täglich 15 Minuten in einen engen Raum gesperrt, um sich ihrer Angst stellen zu können. Nach diesen 90 Tagen müssen sie erneut denselben Fragebogen ausfüllen, den sie vor den 90 Tagen ausgefüllt haben, um eruieren zu können, ob sich die Symptome verändert haben.

Nullhypothese: Die Nullhypothese besagt, dass es keinen bedeutenden Unterschied zwischen den Mittelwerten gibt, die aufgrund der Befragungen vor und nach dem Monat in Hinblick auf Symptomveränderungen berechnet wurden.

Ungerichtete Hypothese: Ein bedeutender Unterschied zwischen den Mittelwerten vor und nach dem Monat existiert. Die Symptome haben sich verändert und eine Auswirkung ist messbar, fraglich bleibt, ob diese positiv oder negativ sind.

---

[14] Vgl. Kuhlmei 2018, S. 136.
[15] Vgl. Assen 2019, S. 95.

Gerichtete Hypothese: Ein bedeutender Unterschied zwischen den Mittelwerten vor und nach dem Monat existiert. Die Symptome haben sich gebessert und somit hat diese Methode eine positive Auswirkung erzielt.

1.3. Non-Parametrische Tests

Bei non-parametrischen Tests ist die Normalverteilung nicht von Bedeutung, daher spielt es keine Rolle wie die Daten verteilt sind. Dies ist der Fall, weil die Ränge der Daten wichtiger sind als die Messwerte. In der Regel werden diese bei ordinalen Daten eingesetzt. Für non-parametrische Tests mit unabhängigen Stichproben kann der Mann-Whitney-U-Test oder der Wilcoxon-Test angewendet werden. Für abhängige Stichproben nur der Wilcoxon-Test.[16]

1.4. SPSS

Von der Universität (Hochschule Riedlingen) wurde dem Autor ein Datensatz zur Verfügung gestellt. Anhand dieser Daten kann eruiert werden, welche Differenzen es zum Thema „Nervosität" zwischen Männern und Frauen gibt. Es handelt sich dabei um 2 voneinander unabhängige Stichproben (Männer und Frauen). Die Zufälligkeit der Datenerhebung und die Normalverteilung (kann durch die untere Darstellung dargelegt werden) liegen vor.

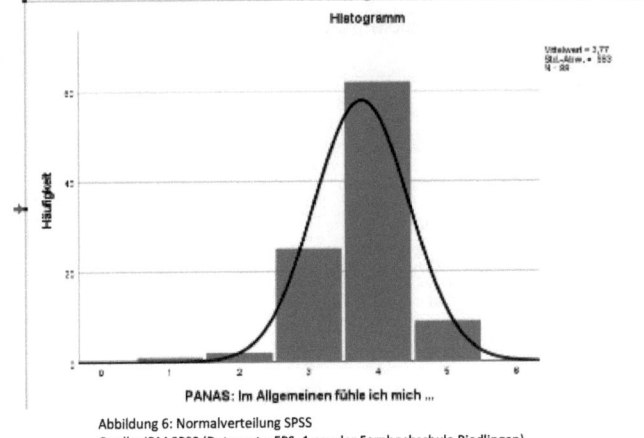

Abbildung 6: Normalverteilung SPSS
Quelle: IBM SPSS (Datensatz: EPS_1.sav der Fernhochschule Riedlingen)

Um diese Darstellung zu erhalten, sind folgende Schritte auf SPSS zu tätigen:

---

[16] Vgl. Keller.

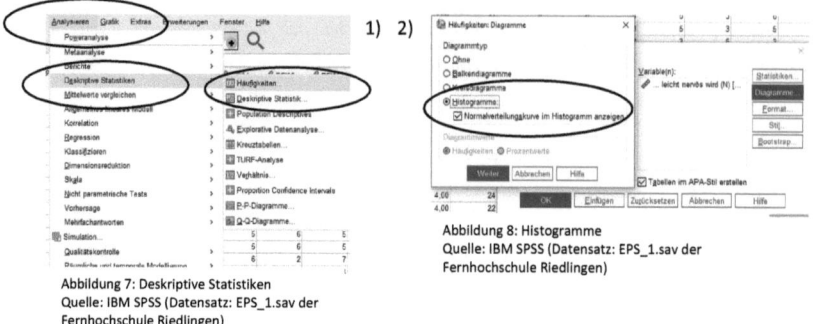

1) 2)

Abbildung 7: Deskriptive Statistiken
Quelle: IBM SPSS (Datensatz: EPS_1.sav der
Fernhochschule Riedlingen)

Abbildung 8: Histogramme
Quelle: IBM SPSS (Datensatz: EPS_1.sav der
Fernhochschule Riedlingen)

Zur Erklärung: Nachdem Schritt 1 ausgewählt wurde, kann im zweiten Schritt die gewünschte Variable ausgewählt und die Normalverteilungskurve im Feld angekreuzt werden. Anschließend auf den Button „Diagramm" klicken.

Es werden zwei Hypothesen aufgestellt, nämlich:

Nullhypothese: Es existieren keine bedeutenden Unterschiede zwischen den zwei Mittelwerten der beiden kontrollierenden Gruppen (Männer und Frauen) in Bezug auf ihre Nervosität.

Alternativhypothese: Es existieren bedeutende Unterschiede zwischen den Mittelwerten der beiden Gruppen.

Um diese Hypothesen auf ihre Richtigkeit zu prüfen, benötigt es folgende Schritte in SPSS:

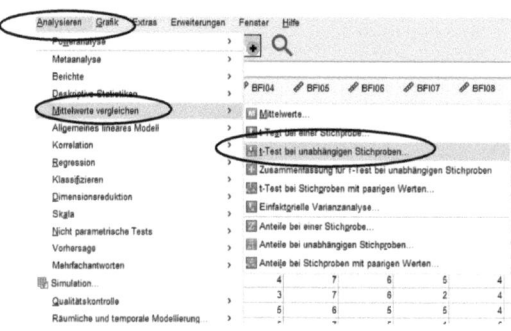

Abbildung 9: Mittelwerte vergleichen
Quelle: IBM SPSS (Datensatz: EPS_1.sav der Fernhochschule Riedlingen)

8

Anschließend erfolgt dieses Fenster, bei dem die Gruppierungsvariable (In diesem Fall Geschlecht, mit der Unterteilung in „Geschlecht 1" für Mann und „Geschlecht 2" für Frau) und die Testvariable ausgewählt werden kann.

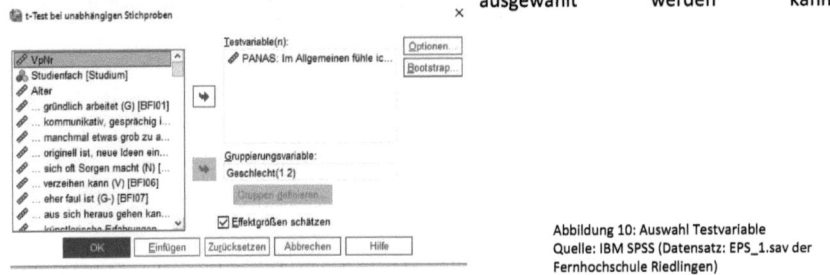

Abbildung 10: Auswahl Testvariable
Quelle: IBM SPSS (Datensatz: EPS_1.sav der Fernhochschule Riedlingen)

Als Ergebnis kommen folgende Werte raus:

t-Test

Gruppenstatistiken

	Geschlecht	N	Mittelwert	Std.-Abweichung	Standardfehler des Mittelwertes
PANAS: Im Allgemeinen fühle ich mich ...	männlich	28	2,14	,803	,152
	weiblich	70	2,01	,970	,116

Abbildung 11: Gruppenstatistiken
Quelle: Quelle: IBM SPSS (Datensatz: EPS_1.sav der Fernhochschule Riedlingen)

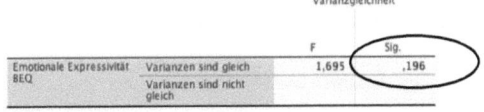

		Levene-Test der Varianzgleichheit	
		F	Sig.
Emotionale Expressivität BEQ	Varianzen sind gleich	1,695	,196
	Varianzen sind nicht gleich		

Abbildung 12: Levene-Test der Varianzgleichheit
Quelle: IBM SPSS (Datensatz: EPS_1.sav der Fernhochschule Riedlingen)

Die Werte von 28 Männern und 70 Frauen liegen vor. Die Varianzhomogenität liegt vor, weil sie größer als 0,05 ist (Signifikanz = 0,196). Somit kann ich die Nullhypothese noch nicht ablehnen.

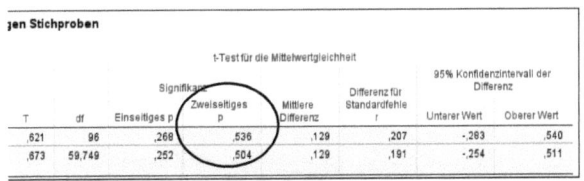

t-Test für die Mittelwertgleichheit

T	df	Einseitiges p	Zweiseitiges p	Mittlere Differenz	Differenz für Standardfehler	Unterer Wert	Oberer Wert
,621	96	,268	,536	,129	,207	-,283	,540
,673	59,749	,252	,504	,129	,191	-,254	,511

Abbildung 13: T-Test für die Mittelwertgleichheit
Quelle: IBM SPSS (Datensatz: EPS_1.sav der Fernhochschule Riedlingen)

Als Alpha-Niveau wird 0,05 als Schwelle betrachtet. Dieser Wert wird hier überschritten (p=0,536), das bedeutet, wie nervös ein Mensch ist, hat nichts mit seinem Geschlecht zu tun. Somit kann die Nullhypothese bestätigt werden.

Als nächstes wird überprüft, was bei einem non-parametrischen Test (U-Test) als Ergebnis angeführt wird. Dazu sind folgende Schritte notwendig:

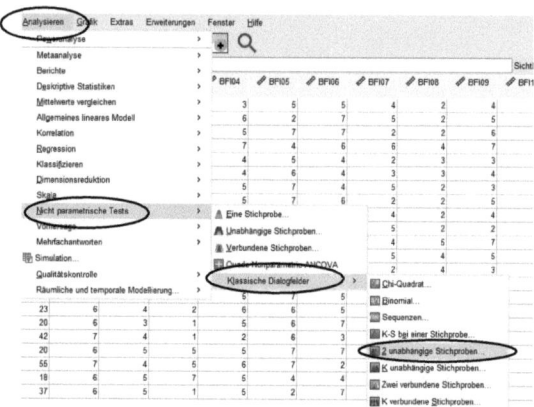

Abbildung 14: U-Test
Quelle: IBM SPSS (Datensatz: EPS_1.sav der Fernhochschule Riedlingen)

Anschließend werden dieselben Variablen wie im vorigen Beispiel ausgewählt, was zu folgendem Ergebnis ➡ Nichtparametrische Tests führt:

Mann-Whitney-Test

Ränge

	Geschlecht	N	Mittlerer Rang	Rangsumme
PANAS: Im Allgemeinen fühle ich mich ...	männlich	28	53,73	1504,50
	weiblich	70	47,81	3346,50
	Gesamt	98		

Teststatistiken[a]

	PANAS: Im Allgemeinen fühle ich mich ...
Mann-Whitney-U-Test	861,500
Wilcoxon-W	3346,500
Z	,990
Asymp. Sig. (2-seitig)	,322

a. Gruppenvariable: Geschlecht

Abbildung 15: U-Test Ergebnis
Quelle: IBM SPSS (Datensatz: EPS_1.sav der Fernhochschule Riedlingen)

Dem U-Test unterscheidet vom t-Test, dass dieser nicht parametrisch ist, es handelt sich um ein Verfahren, das verteilungsfrei ist. Essenziell sind nicht die Werte, sondern die Tendenzen. Die Tendenzen werden durch die Rangplätze eruiert. Die Abstandsgrößen zwischen den Rangplätzen sind im Gegensatz zum t-Test also nicht wichtig.[17] So wie auch beim t-Test liegt auch beim U-Test der Wert über 0,05 (nämlich 0,322) womit die Nullhypothese bestätigt werden kann, auch wenn verschiedene Werte vorliegen. Wenn die Voraussetzungen eingehalten werden können, wird auf alle Fälle ein t-Test gemacht, weil durch die Einbindung der genauen Werte und Abstände zwischen den Rängen, der Test eine höhere Aussagekraft besitzt.

Fazit

Durch seine exakt berechneten Werte hat er Vorteile gegenüber Alternativtests wie den U-Test. In Fällen, wo die Voraussetzungen für den t-Test vorliegen, wird der Autor in Zukunft diese Form der Anwendung wählen. Fest steht, dass es nicht ausreicht nur die Ergebnisse einer Umfrage anzusehen, sondern es bedarf einer seriösen Prüfung, ob die Daten etwa in Bezug auf 2 Gruppen zufällig sind oder ob sich die Gruppen signifikant in Bezug auf das Merkmal unterscheiden. Die Anwendung des t-Tests auf SPSS ist sehr simpel und anhand der Werte kann einfach eruiert werden, ob die Nullhypotose bestätigt oder verneint werden kann. Sollte diese nicht bestätigt werden können, kann die Alternativhypothese angenommen werden.

---

[17] Vgl. Wanja 2015.

2. Chi²-Test

Mittels eines Chi-Quadrat-Tests lassen sich die Verteilungseigenschaften einer statistischen Grundgesamtheit ermitteln. Es werden 2 Arten unterschieden, nämlich der Verteilungstest und der Unabhängigkeitstest. Beim Verteilungstest wird eruiert, ob die Daten aus einer speziellen Verteilung entspringen. Beim Unabhängigkeitstest wird untersucht, ob die Unabhängigkeit von 2 Merkmalen zufällig ist oder nicht. [18] [19] [20]

Beim Verteilungstest besteht die Frage, wie hoch die Wahrscheinlichkeiten der Grundgesamtheit sind. Diese Unbekannte wird mit einem x dargestellt. Die Nullhypothese lautet hier, dass x gleich der Wahrscheinlichkeitsverteilung $F_0(x)$ ist. Die Merkmale (x) werden in Klassen zusammengefasst und in Kategorien eingeteilt, je nach Gemeinsamkeiten. N_j erfasst die betrachteten Häufigkeiten einer Kategorie, N_{jo} die erwarteten Häufigkeiten einer Kategorie. Die Prüfgröße für einen Test wird mit folgender Formel berechnet:

$$\chi^2 = \sum_{j=1}^{m} \frac{(n_j - n_{jo})^2}{n_{jo}}$$

Abbildung 16: Prüfgröße
Quelle: http://fuzzy.cs.ovgu.de/studium/ida/txt/chi_squared.pdf

Beim Unabhängigkeitstest werden 2 Merkmale (x und y) geprüft, ob sie eine „Beziehung" zueinander haben oder keine. Es wird ausgerechnet, ob die Verteilung der Häufigkeit beider Formen in einer Abhängigkeit stehen.[21] [22] [23]

2.1. Voraussetzungen und Anwendungsgebiete

Der Chi-Quadrat Test testet also, ob zwischen zwei Variablen, die kategorisiert sind, ein Zusammenhang besteht. Diese Kategorisierung ist die erste Voraussetzung und kann sowohl nominal- als auch ordinalskaliert sein. Weiters wird die Stärke und der Verlauf des

---

[18] Vgl. Anderberg 1973.
[19] Vgl. Hartigan 1975.
[20] Vgl. Sonquist, J.A. and Morgan, J.N. 1964.
[21] Vgl. Anderberg 1973.
[22] Vgl. Hartigan 1975.
[23] Vgl. Sonquist, J.A. and Morgan, J.N. 1964.

Zusammenhangs ermittelt. Die nächste Voraussetzung ist, dass die Stichprobe über 50 Personen umfassen sollte.[24]

2.2. Chi²-Test in SPSS

Mithilfe von SPSS lässt sich der Chi²-Test einfach anwenden. Wir möchten wissen, welchen Zusammenhang es zwischen zwei kategorialen Variablen, in unserem Fall die Altersgruppen und Arztbesuche, es gibt. Dabei wird eruiert, ob es einen signifikanten Unterschied zwischen der erwarteten und beobachteten Häufigkeit existiert. Auf SPSS sind dafür folgende Schritte notwendig: [25]

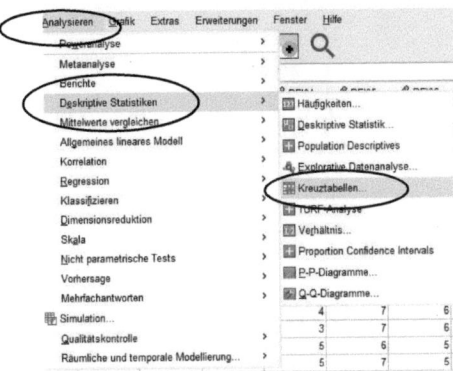

Abbildung 17: Chi²Test
Quelle: IBM SPSS (Datensatz: EPS_1.sav der Fernhochschule Riedlingen)

Werden diese Anweisungen befolgt, kann im nächsten Schritt die Zeile (Arztbesuche) und die Spalte (Altersgruppen) befüllt werden. Unter dem Button „Statistiken" kann anschließend der Chi²-Test und unter „Zellen" beobachtete und erwartete Regelmäßigkeiten angeklickt werden.

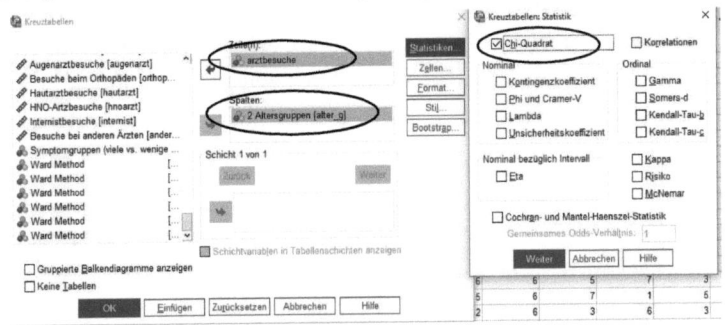

Abbildung 18: Chi²Test Eingabe
Quelle: IBM SPSS (Datensatz: EPS_1.sav der Fernhochschule Riedlingen)

[24] Vgl. Hochschule Luzern.
[25] Vgl. Field 2018.

Die Zeilen und Spalten lassen sich beliebig verändern. Ein Beispiel: Es soll verglichen werden, wie viele Frauen oder Männer Symptome aufweisen. Geteilt wird in „erwartete Symptome" und „beobachtete Symptome". Dazu tragen wir bei der Zeile „Geschlecht" und bei der Spalte „Symptome" ein. Anschließend wird der „Chi²-Test" in der Kreuztabelle eingetragen und bei den Zeilen „beobachtet" und „erwartet" angekreuzt. Als Ergebnis erscheinen folgende Daten:

Geschlecht * Symptomgruppen (viele vs. wenige Symptome)
Kreuztabelle

			Symptomgruppen (viele vs. wenige Symptome)		
			wenige Symptome	viele Symptome	Gesamt
Geschlecht	männlich	Anzahl	22	6	28
		Erwartete Anzahl	13,9	14,1	28,0
	weiblich	Anzahl	27	44	71
		Erwartete Anzahl	35,1	35,9	71,0
Gesamt		Anzahl	49	50	99
		Erwartete Anzahl	49,0	50,0	99,0

Chi-Quadrat-Tests

	Wert	df	Asymptotische Signifikanz (zweiseitig)	Exakte Sig. (zweiseitig)	Exakte Sig. (einseitig)
Pearson-Chi-Quadrat	13,205[a]	1	<,001		
Kontinuitätskorrektur[b]	11,632	1	<,001		
Likelihood-Quotient	13,820	1	<,001		
Exakter Test nach Fisher				<,001	<,001
Zusammenhang linear-mit-linear	13,071	1	<,001		
Anzahl der gültigen Fälle	99				

Abbildung 19: Chi²Test Ergebnis
Quelle: IBM SPSS (Datensatz: EPS_1.sav der Fernhochschule Riedlingen)

Zu sehen ist, dass im ersten Ergebnis die erwarteten und beobachteten Symptomhäufigkeiten auseinandergehen. So wurden bei den Männern eine geringere Anzahl an wenigen Symptomen erwartet (13,9) als beobachtet (22) wurde. Genau gegensätzlich verhielt es sich bei den Männern, die mehr Symptome hatten (6 wurden beobachtet und 14,1 erwartet). Bei den Frauen wurden geringe Symptome bei rund 35 erwartet. Tatsächlich beobachtet wurde es bei 27. In der Kategorie „viele Symptome" gab es hingegen weniger erwartete (35,9) als beobachtete (44) Symptome.

Das Ergebnis des Chi-Quadrat-Test zeigt, dass die Nullhypothese verworfen werden kann, weil der „Asymptotische Signifikanz Wert" (kleiner als 0,001) unter der Irrtumswahrscheinlichkeit von 0,05 liegt. Somit kann ein bedeutender Unterschied zwischen der beobachteten und erwarteten Häufigkeit festgestellt und die Alternativhypothese angenommen werden. Auch ist ersichtlich, dass geschlechterspezifisch zwischen „vielen" und „wenigen" Symptomen unterschieden werden kann.

14

3. Deskriptive und inferenzstatistische Analyse

3.1. SPSS: Deskriptive Beschreibung

Der Datensatz EPS_1.sav (zur Verfügung gestellt von der Hochschule Riedlingen[26]) besteht aus einer Datensammlung von 100 Studenten, die zu Themen befragt wurden. Mithilfe der Kreuztabelle (unter „Deskriptive Statistik" auswählbar) lässt sich feststellen, dass 29 (29%) Männer und 71 (71%) Frauen an der Befragung teilgenommen haben, wobei bei den Frauen die meisten Teilnehmer „Psychologie" (29) studieren und bei den Männern „Sonstige Studienfächer" (10 Männer) und „Sport" (9 Männer). Die genaue Aufschlüsselung der Studienrichtungen kann auf folgender Tabelle nachgesehen werden:

Studienfach * Geschlecht Kreuztabelle

Anzahl

		Geschlecht		Gesamt
		männlich	weiblich	
Studienfach	Psychologie	4	29	33
	Mathematik	6	16	22
	Sport	9	18	27
	Sonstiges	10	8	18
Gesamt		29	71	100

Abbildung 20: Befragungsteilnehmer
Quelle: IBM SPSS (Datensatz: EPS_1.sav der Fernhochschule Riedlingen)

3.2. SPSS: Deskriptive Statistik

Die Mittelwerte der exploratorischen Datenanalyse für die BFI-Skala Extraversion (BFI_extra) wurden für Männer, Frauen und den einzelnen Studienfächern berechnet. Der Autor kam zu dem Ergebnis, indem er in SPSS „Analysieren" „Deskriptive Statistiken" und danach „Deskriptive Statistik" ausgewählt hat. Danach wählte er die Variablen „Geschlecht" und „BFI Extraversion" aus. Die Kategorie „Geschlecht" muss in männlich und weiblich eingeteilt werden und dies wird unter „Daten" und „Datei aufteilen" erzielt. Wird die „Deskriptive Statistik" danach erneut vollzogen, kommt es zu einem geteilten Geschlechterergebnis. Unter „Grafik" und

---

[26] Vgl. Leonhart 2014b.

„Diagrammerstellung" können die Werte mittels Balkendiagramme dargestellt werden. Das Ergebnis sieht wie folgt aus:

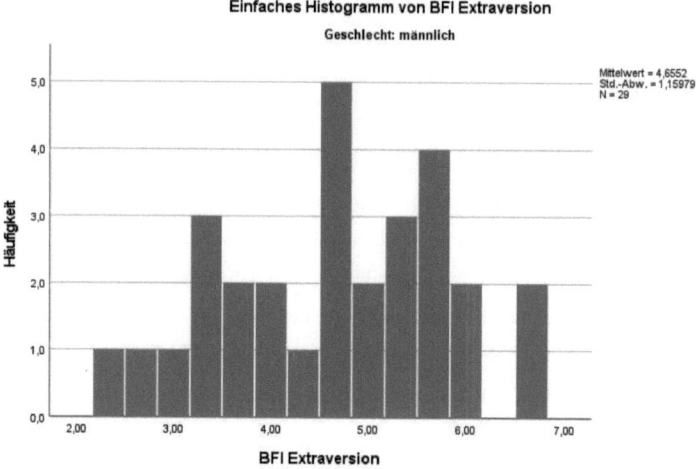

Abbildung 21: Einfaches Histogramm von BFI Extraversion (Männer)
Quelle: IBM SPSS (Datensatz: EPS_1.sav der Fernhochschule Riedlingen)

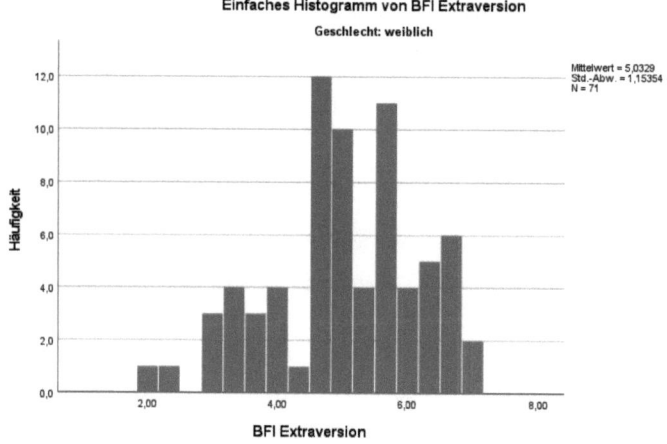

Abbildung 22: Einfaches Histogramm von BFI Extraversion (Frauen)
Quelle: IBM SPSS (Datensatz: EPS_1.sav der Fernhochschule Riedlingen)

Der Mittelwert bei den Männern beträgt also rund 4,7 und die Standartabweichung liegt bei rund 1,16. Bei den Frauen beträgt der Mittelwert rund 5 und die Standartabweichung liegt bei 1,15. Die Ergebnisse der Mittelwertberechnung für die Studienfächer hat folgendes ergeben:

Psychologie (Mittelwert 4,899):

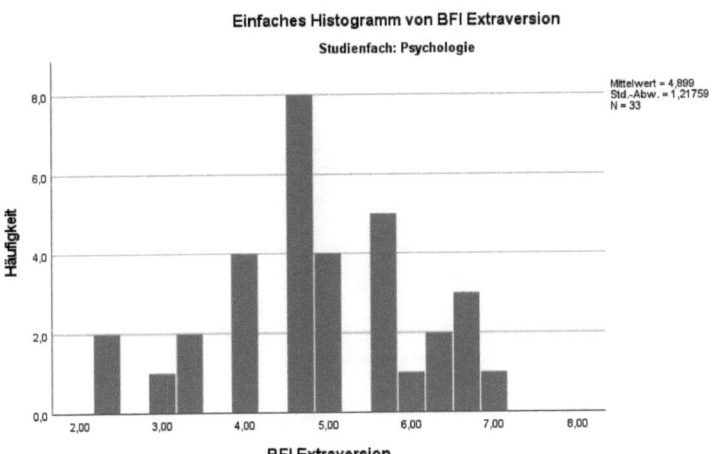

Abbildung 23: Einfaches Histogramm von BFI Extraversion (Psychologie)
Quelle: IBM SPSS (Datensatz: EPS_1.sav der Fernhochschule Riedlingen)

Mathematik (Mittelwert: 4,4848):

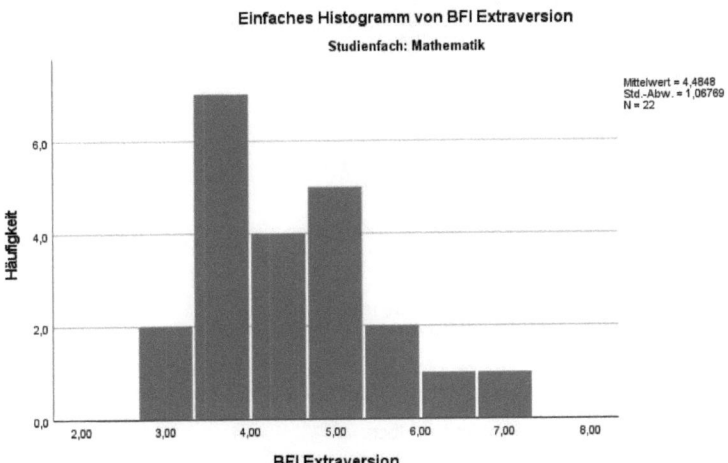

Abbildung 24: Einfaches Histogramm von BFI Extraversion (Mathematik)
Quelle: IBM SPSS (Datensatz: EPS_1.sav der Fernhochschule Riedlingen)

Sport (Mittelwert 5,7654):

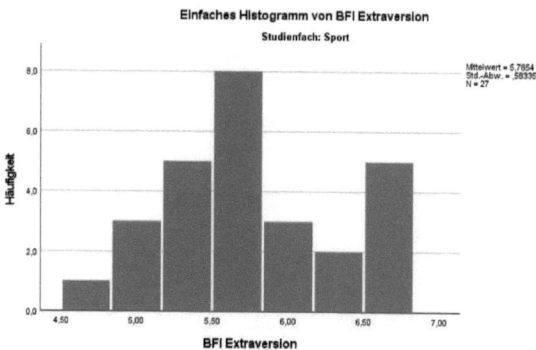

Abbildung 25: Einfaches Histogramm von BFI Extraversion (Sport)
Quelle: IBM SPSS (Datensatz: EPS_1.sav der Fernhochschule Riedlingen)

Sonstige (Mittelwert: 4,2407):

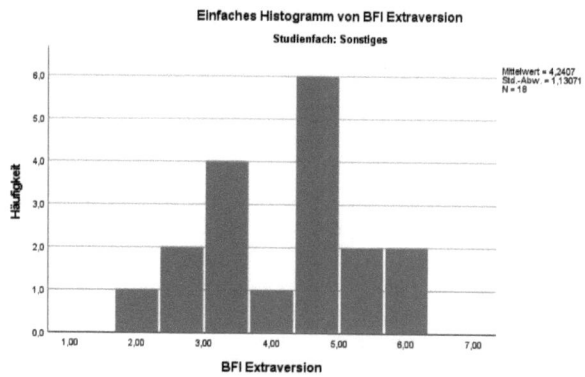

Abbildung 26: Einfaches Histogramm von BFI Extraversion (Sonstige)
Quelle: IBM SPSS (Datensatz: EPS_1.sav der Fernhochschule Riedlingen)

Zur Erklärung: Statt Geschlecht wurde in dem Fall das Studienfach unter „Daten" und „Dateien aufteilen" geteilt. Die Schritte sind daher die selben.

Als nächstes werden die deskriptiven Parameter für Minimum, Maximum, Mittelwert und Standardabweichung ermittelt. Auch die Spannweite wird eruiert und die Ergebnisse analysiert:

Deskriptive Statistiken

	N	Bereich	Minimum	Maximum	Mittelwert	Std.-Abweichung
… gründlich arbeitet (G)	100	5	2	7	5,40	1,146
… kommunikativ, gesprächig ist (E)	100	5	2	7	5,34	1,233
… manchmal etwas grob zu anderen ist (V-)	100	6	1	7	3,38	1,523
… originell ist, neue Ideen einbringt (O)	100	5	2	7	4,82	1,149
… sich oft Sorgen macht (N)	100	6	1	7	5,01	1,642
… verzeihen kann (V)	100	6	1	7	5,15	1,381
… eher faul ist (G-)	100	6	1	7	3,62	1,745
… aus sich heraus gehen kann, eher gesellig ist (E)	100	5	2	7	5,19	1,468
… künstlerische Erfahrungen schätzt (O)	100	6	1	7	5,07	1,653
… leicht nervös wird (N)	100	6	1	7	4,23	1,455
… Aufgaben wirksam und effektiv erledigt (G)	100	4	3	7	5,27	1,162
… zurückhaltend ist (E-)	100	6	1	7	3,76	1,538
… rücksichtsvoll und freundlich mit anderen umgeht (V)	100	5	2	7	5,67	,943
… eine lebhafte Phantasie, Vorstellung hat (O)	100	5	2	7	5,75	1,266
… entspannt ist, mit Stress gut umgehen kann (N-)	100	6	1	7	3,91	1,429
Gültige Werte (listenweise)	100					

Abbildung 27: Deskriptive Parameter Abbildung
Quelle: IBM SPSS (Datensatz: EPS_1.sav der Fernhochschule Riedlingen)

Die größte Spannweite (als „Bereich" bezeichnet, zeigt die Differenz zwischen Minimum und Maximum) mit 6 haben folgende Items: „entspannt ist, mit Stress umgehen kann (N-)", „zurückhaltend ist (E-)", „… leicht nervös wird (N)", „… künstlerische Erfahrungen schätzt (O)", „… eher faul ist (G-)", „… verzeihen kann (V)", „… manchmal etwas grob zu anderen ist (V-)" und „… sich oft Sorgen macht (N)". Das niedrigste Spannweiten mit 4 haben das Item „… Aufgaben wirksam und effektiv erledigt (G)". Den höchsten Mittelwert hat „... eine lebhafte Phantasie Vorstellung hat (O)" mit 5,75. Das Item mit dem niedrigsten Mittelwert ist „manchmal etwas grob zu anderen ist (V-)" mit 3,38. Die höchste Standartabweichung hat „... eher faul ist (G-)" mit 1,745. Das Item mit der geringsten Standartabweichung umfasst „... rücksichtsvoll und freundlich mit anderen umgeht (V)" mit 0,943.

3.3. Varianzanalyse mit 2 Faktoren

Nun wird untersucht ob und wenn ja, welchen Einfluss die Faktoren Geschlecht und das Studienfach auf die „Extraversion" haben bzw. was unter zweifaktorielle Varianzanalyse verstanden wird. Zuerst wird von der Nullhypothese ausgegangen, daher das es keinen Einfluss von Geschlecht und Studienfach auf die „Extraversion" gibt. Um das zu schaffen, muss zuerst geprüft werden, ob die Faktoren Geschlecht und Studienfächer in Kategorien eingeteilt sind, z.B. Geschlecht (1 = männlich und 2 = weiblich). Anschließend kann auf „Allgemeines lineares Modell" und „Univariat" gehen. Mit den Ergebnissen kann folgendes ausgewertet werden:

Um die Varianzhomogenität zu prüfen, kommt der Levene-Test zur Anwendung. Dabei können wir die aufgestellte Nullhypothese nicht verwerfen, weil die Signifikanz (0,133) über 0,05 liegt. Es kann also davon ausgegangen werden, dass gleiche Varianzen bei den Gruppen existieren und die Alternativhypothese wird daher verneint.

Levene-Test auf Gleichheit der Fehlervarianzen[a,b]

		Levene-Statistik	df1	df2	Sig.
BFI Extraversion	Basiert auf dem Mittelwert	1,645	7	92	,133
	Basiert auf dem Median	1,487	7	92	,182
	Basierend auf dem Median und mit angepassten df	1,487	7	72,139	,186
	Basiert auf dem getrimmten Mittel	1,635	7	92	,135

Prüft die Nullhypothese, dass die Fehlervarianz der abhängigen Variablen über Gruppen hinweg gleich ist.

a. Abhängige Variable: BFI Extraversion

b. Design: Konstanter Term + Geschlecht + Studium + Geschlecht * Studium

Abbildung 28: Levene-Test auf Gleichheit der Fehlervarianzen
Quelle: IBM SPSS (Datensatz: EPS_1.sav der Fernhochschule Riedlingen)

Beim nächsten Ergebnis „Test der Zwischeneffekte" ist zu sehen, dass die Signifikanz beim Geschlecht über 0,05 (Geschlecht ist 0,106) liegt. Auch beim Geschlecht und dem Studiengang zusammen umfasst der Wert mehr als 0,05 (nämlich 0,056). Die Alternativhypothese kann hier in beiden Fällen angenommen werden, da hier kein Einfluss auf die „Extraversion" besteht. Das Studium hingegen ist mit 0,001 kleiner als 0,05 und somit signifikant, hier kann die Nullhypothese bestätigt werden, da der Studiengang als Faktor allein sehr wohl Einfluss auf die „Extraversion" haben:

Tests der Zwischensubjekteffekte

Abhängige Variable: BFI Extraversion

Quelle	Typ III Quadratsumme	df	Mittel der Quadrate	F	Sig.
Korrigiertes Modell	41,477ª	7	5,925	5,908	<,001
Konstanter Term	1583,106	1	1583,106	1578,497	<,001
Geschlecht	2,680	1	2,680	2,673	,106
Studium	30,089	3	10,030	10,001	<,001
Geschlecht * Studium	7,857	3	2,619	2,612	,056
Fehler	92,269	92	1,003		
Gesamt	2557,667	100			
Korrigierte Gesamtvariation	133,746	99			

a. R-Quadrat = ,310 (korrigiertes R-Quadrat = ,258)

Abbildung 29: Test der Zwischensubjekteffekte
Quelle: IBM SPSS (Datensatz: EPS_1.sav der Fernhochschule Riedlingen)

Wird das einzelne Fach „Sport" betrachtet, kann im nächsten Ergebnis der signifikante Unterschied mit den anderen Fächern betrachtet werden. Das Fach Sport spielt also einen bedeutenden Faktor:

Mehrere Vergleiche

Abhängige Variable: BFI Extraversion

Bonferroni

(I) Studienfach	(J) Studienfach	Mittelwertdifferenz (I-J)	Std.-Fehler	Sig.	95% Konfidenzintervall	
					Untergrenze	Obergrenze
Psychologie	Mathematik	,4141	,27564	,818	-,3291	1,1574
	Sport	-,8664*	,25988	,007	-1,5672	-,1657
	Sonstiges	,6582	,29344	,164	-,1330	1,4495
Mathematik	Psychologie	-,4141	,27564	,818	-1,1574	,3291
	Sport	-1,2806*	,28763	<,001	-2,0562	-,5050
	Sonstiges	,2441	,31828	1,000	-,6141	1,1024
Sport	Psychologie	,8664*	,25988	,007	,1657	1,5672
	Mathematik	1,2806*	,28763	<,001	,5050	2,0562
	Sonstiges	1,5247*	,30473	<,001	,7030	2,3464
Sonstiges	Psychologie	-,6582	,29344	,164	-1,4495	,1330
	Mathematik	-,2441	,31828	1,000	-1,1024	,6141
	Sport	-1,5247*	,30473	<,001	-2,3464	-,7030

Grundlage: beobachtete Mittelwerte.

Der Fehlerterm ist Mittel der Quadrate (Fehler) = 1,003.

*. Die Mittelwertdifferenz ist in Stufe ,05 signifikant.

Abbildung 30: Mehrere Vergleiche
Quelle: IBM SPSS (Datensatz: EPS_1.sav der Fernhochschule Riedlingen)

Dieser erhöhte Wert der Sportstudenten, lässt sich auch in der folgenden Statistik näher betrachten. Fest steht abschließend, dass das Geschlecht keinen wesentlichen Einfluss auf die „Extraversion" hat. Das Studienfach schon und dabei signifikant sind die Sportstudenten.

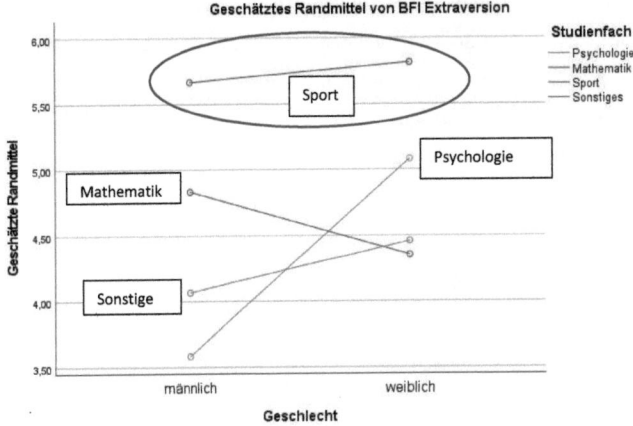

Abbildung 31: Geschätztes Randmittel von BFI Extraversions
Quelle: IBM SPSS (Datensatz: EPS_1.sav der Fernhochschule

3.4. Hauptkomponentenanalyse

Eine Faktorenanalyse sucht Gemeinsamkeiten zwischen Variablen und fasst ähnliche Variablen in Gruppen (verschiedene Faktoren) zusammen. Die Faktoren können anschließend selbst wieder zu Variablen werden. Die Kommunalität prüft in dem Zusammenhang, wie viel Information der Variablen in den Faktoren steckt.[27]

Wie viel übergeblieben ist, kann in SPSS in der Tabelle der „Kommunalitäten" unter „Extraktion" nachgesehen werden. Um diese Ergebnisse zu bekommen wird folgendes ausgewählt:

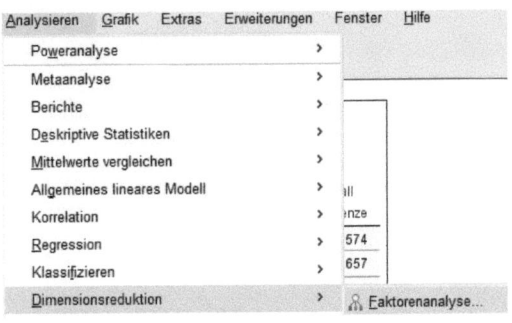

Abbildung 32: Faktorenanalyse
Quelle: IBM SPSS (Datensatz: EPS_1.sav der Fernhochschule Riedlingen)

---

[27] Vgl. Studyflix GmbH.

Als nächstes werden die BFI-Items (BFI01 bis BFI 15) von den zur Verfügung gestellten Daten ausgewählt. Bei Button „Deskriptiver Statistik" werden „Univariate deskriptive Statistiken", „Anfangslösung" und „KMO und Barlett-Test auf Sphärizität" angekreuzt. Unter dem Menüpunkt „Extraktion" werden „Nicht rotierte Faktorlösung" und „Screeplot" markiert. Beim Punkt der „Rotation" werden „Varimax" und „Rotierte Lösung" gewählt. Zuletzt wurde bei „Optionen" „unter 30" als Absolutwert

angegeben. Weiters werden sie nach Größe sortiert und kleine Koeffizienten unterdrückt. Bei den Kommunalitäten kam es zu diesem Ergebnis:

Kommunalitäten

	Anfänglich	Extraktion
... gründlich arbeitet (G)	1,000	,735
... kommunikativ, gesprächig ist (E)	1,000	,775
... manchmal etwas grob zu anderen ist (V-)	1,000	,679
... originell ist, neue Ideen einbringt (O)	1,000	,594
... sich oft Sorgen macht (N)	1,000	,575
... verzeihen kann (V)	1,000	,324
... eher faul ist (G-)	1,000	,543
... aus sich heraus gehen kann, eher gesellig ist (E)	1,000	,796
... künstlerische Erfahrungen schätzt (O)	1,000	,389
... leicht nervös wird (N)	1,000	,848
... Aufgaben wirksam und effektiv erledigt (G)	1,000	,892
... zurückhaltend ist (E-)	1,000	,662
... rücksichtsvoll und freundlich mit anderen umgeht (V)	1,000	,685
... eine lebhafte Phantasie, Vorstellung hat (O)	1,000	,843
... entspannt ist, mit Stress gut umgehen kann (N-)	1,000	,762

Extraktionsmethode: Hauptkomponentenanalyse.

Abbildung 33: Kommunalitäten
Quelle: IBM SPSS (Datensatz: EPS_1.sav der Fernhochschule Riedlingen)

Kritisch zu hinterfragen ist hier das Item „… verzeihen kann", weil es den Wert von 0,4 (Wert 0,389) unterschreitet und somit eine kritische Diskussion über den Verbleib geführt werden kann.[28]

Beim nächsten Ergebnis geht es um die „Erklärte Gesamtvarianz". Dabei stellen die Komponenten die Faktoren dar. Der Eigenwert ist entscheidend, weil dieser zeigt, wie viel von der Gesamtvarianz (inkludiert alle Variablen) in dem einen Faktor enthalten ist. Nach dem „Kaiser-Kriterium" sollten nur Faktoren beachtet werden, deren Eigenwert die Zahl 1,0 überspringt.[29] In unserem Fall sind das die Komponente 1 bis 5. Dabei macht 1 etwa 19% % der Varianz aus. Werden die ersten 5 addiert, kommt ein Wert von rund 63% heraus, von Inhalten, die von allen Items abgedeckt werden.

Erklärte Gesamtvarianz

Komponente	Anfängliche Eigenwerte			Summen von quadrierten Faktorladungen für Extraktion			Rotierte Summe der quadrierten Ladungen		
	Gesamt	% der Varianz	Kumulierte %	Gesamt	% der Varianz	Kumulierte %	Gesamt	% der Varianz	Kumulierte %
1	2,854	19,028	19,028	2,854	19,028	19,028	2,161	14,408	14,408
2	2,003	13,354	32,382	2,003	13,354	32,382	1,999	13,324	27,732
3	1,766	11,775	44,157	1,766	11,775	44,157	1,980	13,197	40,929
4	1,568	10,452	54,609	1,568	10,452	54,609	1,718	11,455	52,384
5	1,312	8,748	63,358	1,312	8,748	63,358	1,646	10,974	63,358
6	,935	6,236	69,593						
7	,903	6,017	75,611						
8	,774	5,163	80,774						
9	,603	4,022	84,796						
10	,532	3,548	88,344						
11	,471	3,137	91,481						
12	,407	2,713	94,194						
13	,352	2,348	96,542						
14	,299	1,991	98,533						
15	,220	1,467	100,000						

Extraktionsmethode: Hauptkomponentenanalyse.

Abbildung 34: Erklärte Gesamtvarianz
Quelle: IBM SPSS (Datensatz: EPS_1.sav der Fernhochschule Riedlingen)

Die Eigenwerte der Faktoren sind im Screeplot genauer ersichtlich. Bei zufälligen Faktoren ist die Steigung sehr flach.[30] Der Knick befindet sich zwischen 5ten und 6ten Faktor, weil nach dem 6ten Faktor die Symptome alle sehr asymptomatisch verlaufen. Im Screeplot sind nur die Faktoren oberhalb des „Ellbogens" relevant, dass bedeutet Faktor 6 ist unbedeutend. Somit

---

[28] Vgl. Leonhart 2014b.
[29] Vgl. Universität Zürich 2020.
[30] Vgl. Universität Zürich 2020.

wird das Ergebnis der vorigen Abbildung bestätigt und es liegt eine Fünf-Faktoren-Lösung vor.[31]

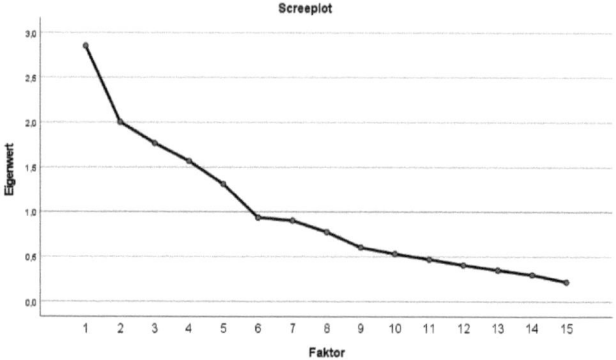

Abbildung 35: Screeplot
Quelle: IBM SPSS (Datensatz: EPS_1.sav der Fernhochschule Riedlingen)

In der Lösung der Komponentenmatrix werden diese 5 Komponente, die den Eigenwert von 1 übersteigen, aufgelistet. Darauf erkennbar sind die Überschneidungen (in Werte dargestellt) zwischen den Komponenten und den einzelnen Items. Bei der rotierenden Komponentenmatrix wird die Faktorladung und Zuteilung der Komponente auf die Faktoren analysiert. Ist die Faktorladung kleiner als 0,20 (Plus oder Minus), sollte diese eliminiert werden. Zwischen 0,30 (Plus oder Minus) und 0,40 (Plus oder Minus) sollte darüber diskutiert werden. Ein Wert über 0,40 (Plus oder Minus) kann als gut betrachtet werden. In unserer Tabelle ist jede Variable über mindestens 0,4 (Plus/Minus), womit jede Variable einem Faktor sehr stark zugeordnet werden kann.[32]

Rotierte Komponentenmatrixª

	Komponente				
	1	2	3	4	5
... kommunikativ, gesprächig ist (E)	,852				
... aus sich heraus gehen kann, eher gesellig ist (E)	,806				
... zurückhaltend ist (E-)	-,738				

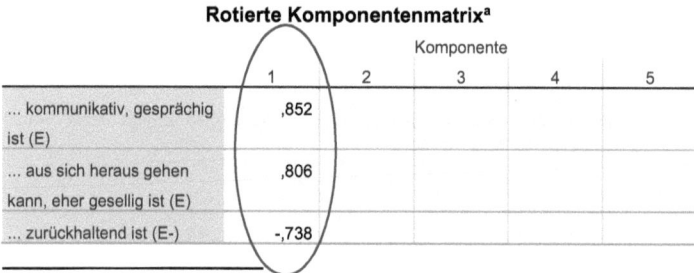

---

[31] Vgl. Universität Zürich 2020.
[32] Vgl. Universität Zürich 2020.

... gründlich arbeitet (G)		,824			
... Aufgaben wirksam und effektiv erledigt (G)		,809			
... eher faul ist (G-)		-,728			
... entspannt ist, mit Stress gut umgehen kann (N-)			,869		
... leicht nervös wird (N)	-,323		-,696		
... sich oft Sorgen macht (N)	-,320	,303	-,610		
... manchmal etwas grob zu anderen ist (V-)				-,798	
... rücksichtsvoll und freundlich mit anderen umgeht (V)				,784	
... verzeihen kann (V)				,469	
... eine lebhafte Phantasie, Vorstellung hat (O)					,780
... künstlerische Erfahrungen schätzt (O)					,621
... originell ist, neue Ideen einbringt (O)			,345	-,416	,547

Extraktionsmethode: Hauptkomponentenanalyse.

Rotationsmethode: Varimax mit Kaiser-Normalisierung.

a. Die Rotation ist in 6 Iterationen konvergiert.

Abbildung 36: Rotierte Komponentenmatrix
Quelle: IBM SPSS (Datensatz: EPS_1.sav der Fernhochschule Riedlingen)

3.5. Fazit

Mithilfe der Faktorenanalyse auf SPSS kann daher die Effektivität eines Fragebogens gesteigert werden und viel Zeit und Kosten eingespart werden. Die 5 Faktoren können problemlos in Verbindung mit den Items für einen Fragebogen verwendet werden. Das Item wird dem Faktor mit dem höchsten Wert (unabhängig von Plus oder Minus) zugerechnet. Die Faktoren können anschließend mit einem Überbegriff versehen und in naher Zukunft können auch diese zusammengefassten Faktoren wieder einer Analyse unterzogen werden. Auch kann alternativ noch die Komponententransformationsmatrix betrachtet werden, dies überspringt allerdings den Rahmen dieser Einsendeaufgabe, womit dieses Thema nicht mehr näher aufgegriffen wird.

Abbildungsverzeichnis

Literaturverzeichnis

Anderberg, M. R. (1973): Cluster Analysis for Applications. New York: Academic Press.

Assen, Christina von der (2019): Crash-Kurs Psychologie. Berlin, Heidelberg: Springer Berlin Heidelberg.

Budischewski, Kai; Ornau, Frederik (2021): Statistik. Riedlingen: SRH Mobile University.

Field, Andy (2018): Discovering statistics using IBM SPSS statistics. 5th edition. Los Angeles, London, New Delhi, Singapore, Washington DC, Melbourne: SAGE (SAGE edge).

Hartigan, J. A. (1975): Clustering Algorithms. New York: Wiley.

Hochschule Luzern: Pearson-Chi-Quadrat-Test (Kontingenzanalyse). Online verfügbar unter https://www.empirical-methods.hslu.ch/entscheidbaum/zusammenhaenge/pearson-chi-quadrat/, zuletzt geprüft am 16.01.2021.

Keller, Daniela: Überblick NICHT-PARAMETRISCHE METHODEN. Hg. v. Statistik Beratung. Online verfügbar unter https://statistik-und-beratung.de/wp-content/uploads/2018/07/Nicht-parametrisch-180712.pdf.

Kuhlmei, Eckehard (2018): Lerne mit uns Statistik! Drei Studis erklären statistische Verfahren und ihre SPSS-Anwendungen. Berlin, Heidelberg: Springer (Springer-Lehrbuch). Online verfügbar unter http://swbplus.bsz-bw.de/bsz50236002xcov.htm.

Leonhart, Rainer (2014a): Quantitative Verfahren I. SRH FernHochschule Riedlingen: Universität Riedlingen.

Leonhart, Rainer (2014b): Quantitative Verfahren II. Hg. v. SRH Fernhochschule - The Mobile University. Riedlingen.

Rey, Daniel (2014): Einfaktorielle Varianzanalyse. Einführung in die Statistik. Hg. v. TU Chemnitz. Online verfügbar unter https://www.tu-chemnitz.de/phil/imf/psyler/lehre/V_EidS/05%20Einfaktorielle%20Varianzanalyse.pdf.

Sonquist, J.A. and Morgan, J.N. (1964): The Detection of Interaction Effects. Survey Research Center. University of Michigan: Ann Arbor.

Studyflix GmbH: Faktorenanalyse. Hg. v. Blech Reinhard und Benedikt Bergner. Online verfügbar unter https://studyflix.de/statistik/faktorenanalyse-2210.

Universität Köln: Alternativhypothese. Online verfügbar unter http://eswf.uni-koeln.de/glossar/node150.html.

Universität Köln (2001): Nullhypothese. Köln. Online verfügbar unter http://eswf.uni-koeln.de/glossar/node149.html.

Universität Zürich (2020): Faktorenanalyse. Online verfügbar unter https://www.methodenberatung.uzh.ch/de/datenanalyse_spss/interdependenz/reduktion/faktor.html, zuletzt geprüft am 26.01.2022.

Wanja, H. (2015): Mann-Whitney-U-Test: Anwendungsbeispiele. Online verfügbar unter https://statistikguru.de/spss/mann-whitney-u-test/anwendungsbeispiele-6.html, zuletzt geprüft am 13.01.2022.